ترامبلثينسكين في أرض اليوكاي

الطبعة الأولى
ترامبلثينسكين و الساحر بونسبورز© بقلم مارتن ترينور
فن الغلاف من مارتن ترينور © 2021
التصميم الداخلي وتصميم الغلاف © DRPZ.net

جميع الحقوق محفوظة.

هذا الكتاب عمل خيالي. الأسماء والشخصيات والأماكن والحوادث هي من إنتاج خيال المؤلف أو يتم استخدامها بشكل خيالي. أي تشابه مع أحداث فعلية أو أماكن أو أشخاص، أحياء أو موتى، هو مصادفة تمامًا.*

Tiny Hands Press
بصمة DRPZ للنشر
DRPZ.net

*ما عدى ترامبلثينسكين

ترامبلثينسكين في أرض اليوكاي

مارتن ترينور

إهداء

يود مارتن ترينور -مرة أخرى -أن يشكر السخرية اللامحدودة للحياة والكون وكل شيء. خاصة البشر، الذين لديهم قدرة تكاد لا تنتهي لفعل الشيء الذي يضر بهم.
لذا، شكرا لكم جميعا.
لولا السخرية، لما حدث هذا الكتاب.

TINY HANDS
PRESS

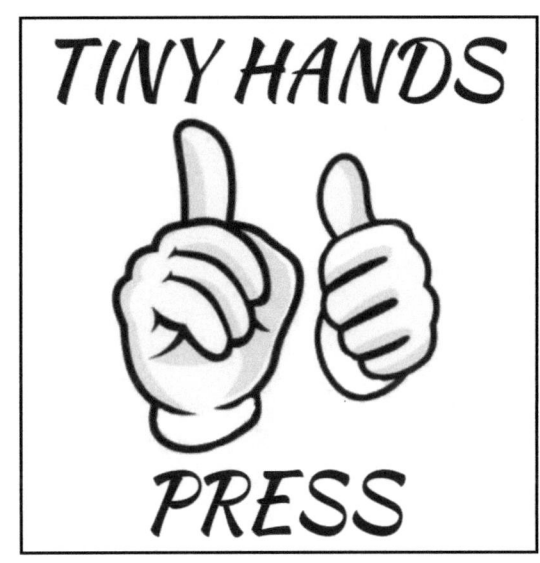

العديد من الاميال بعيدا عن عالم ترامبلثينسكين، عبر بحر واسع وشاسع، توجد أرض اليوكاي الغامضة. كان مكانًا غريبًا، حيث يتحدث الناس فيها كما لو كانت أفواههم مليئة بالرخام وكان الجميع في الأرض يعيشون في قصور كبيرة، باستثناء الفقراء -وهو ما أطلقوا على الأشخاص الذين ليس لديهم مراحيض ذهبية هناك -الذين أحبوا ملكتهم على عكس مهرج المحكمة، بوجو البوزو.

وفقا لحكايات فيبر الطويلة، ومثل ترامبلثينسكين نفسه تماما، كان بوجو ذكيا جدا جدا جدا وكانت لديه العديد من الأفكار الجميلة والمذهلة والمبدعة. كان أيضا عبقريا، كان يتجول مثرثرا أنه سيحقق كل شيئ -مهما كان-ووعد هينيتي بينيتي ترامبلثينسكين بأن بوجو البوزو سيكون صديقا جيدا جدا له ويعطيه الكثير من الهدايا الرائعة: مثل التجارة الحرة وشيء يسمى الرعاية الصحية، على الرغم من أن لا أحد في عالم ترامبلثينسكين يعرف ما هي الرعاية الصحية.

على ما يبدو، كانت أرض اليوكاي تمر بشيء يسمى البريكسيت، والتي تشبه كلمة البريكفاست، وكان ترامبلثينسكين يحب البريكفاست كثيرا.

على أي حال، يبدو أن البريكسيت يعني أن أرض اليوكاي لم تعد على اتفاق مع أصدقائها المفضلين وكانوا يتجولون في كل مكان بحثا عن أصدقاء جدد -أو واحد-في الواقع، سيكونون أصدقاء مع أي شخص.

عند سماعه بهذه الأخبار، جمع ترامبلثينسكين بطنه المليء، وركض فرشاته عبر شعره الضعيف المتطاير، وجعل وجهه الفظ أكثر برتقالية مما كان عليه من قبل، وتوجه مع أحدث أميراته، ماليفيسانيا، التي التقى بها عندما كان يقيم مع أفضل أصدقائه في العالم 'بيكسي بوتي بوت' ويطلب المساندات منه.

خرج عبر البحر الواسع والشاسع، هبط في أرض اليوكاي، وعند وصوله استقبله الكثير من الناس الذين لم يستطع عدّهم. لم يكن ذلك مفاجئا، لأنه تماما مثل الكلمات، لم يكن ترامبلثينسكين جيدا في الحساب أيضا.

كان الناس يحملون لافتات وكانوا يصرخون عليه، وقد كانوا يتفَوَّهون بكلمات ترحيب بلا شك، قائلين أشياء مثل: تبا لك، خذ بوجو معك، أبق يديك الصغيرتين بعيدًا عن NHS -مهما كانت NHS -ربما كانت نوعًا من كعكة الشوكولاتة الجميلة. كان ترامبلثينسكين يحب كعكة الشوكولاتة الجميلة.

على أي حال، بعد هذا الترحيب المثير، طلب زيارة ملكة أرض اليوكاي في قصرها الكبير والفخم حيث شارك في شيء يسمى احتساء الشاي بعد الظهر وقد كانت الملكة هناك.

كان ابنها، صديقه القديم أندي هاندزي هناك.
كان هناك أشخاص آخرون -غير مهمين- حاضرين أيضا.

كان واحد من التعساء في الحشد الذي أراد حقًا مقابلة ترامبلثينسكين ولكن لم يسمح له أحد بذلك ومع ذلك، قضى وقته في التسول على أبواب القصر الكبير للسماح له بالدخول. كان يبكي كثيرا، تماما كما فعل ترامبلثينسكين عندما قال الناس أشياء صادقة ولكن سيئة للغاية عنه.

وخارج النافذة، صخب الحشود في الأسفل وصل الى غرفة العرش وذكّره بالحشود الكثيرة التي ظهرت بشكل متكرر خارج منزله الثاني في البيت الأبيض الكبير (الأبيض هو اللون المفضل لترامبلثينسكين) يصرخون بأعلى أصواتهم أنه يجب إعطاؤه الكثير من الخوخ.

و قد كان ذلك لطيفا من طرفهم لكن ترامبلثينسكين لم يأكل الفاكهة. كانت الفاكهة للفاشلين. كانت الفاكهة أخبارًا مزيفة. لقد أكل فقط ألواحًا ضخمة من كعكة الشوكولاتة الجميلة التي لم تكن متوفرة مع الشاي. كانت السندويشات صغيرة ومقطعة في شكل مثلثات. كانت هناك كعكات ايضا لكن كانت أصغر حتى من السندويشات.

كان ترامبلثينسكين يتضور جوعا. كيف كان من المفترض أن يحافظ على بطنه المليء بوجبات خفيفة مثل هذه؟ لحسن الحظ، ظهر بوجو البوزو بكعكة شوكولاتة اشتراها من ماكدونالد العجوز. أصبح ترامبلثينسكين أسعد إنسان على قيد الحياة.

إبتلع كعكة الشوكولاتة كالثعبان وقام بقبض مؤخرته السميكة ووضعها على الكرسي وابتسم للملكة -التي لم تبتسم له- ومن ثمّ فحص غرفة العرش بعينيه.

لم يكن لدى ترامبلثينسكين غرفة عرش، أو حتى عرش. أراد ترامبلثينسكين عرشًا -عرشًا حقيقيًا-وليس مجرد مرحاض ذهبي لدرجة أنه أصبح أكثر صبيانيةً وسخفًا من المعتاد وبدأ بالتذمر والبكاء.

"واه-واه-واه" صرخ وتذمر: "أحضر لي عرشًا واحضر لي واحدا الآن!" صرخ على بومبيلو قزمه المسؤول على شراء الأشياء.

"لقد تم أخذهم جميعا" رد بومبيلو،"وعلى أي حال فقط الملوك والملكات يحصلون على عروش."

ضرب ترامبلثينسكين بقدميه على أرضية العرش باكيا: "أنا ملك مناسب، الكل يقول ذلك.

أنا أفضل ملك وأريد عرشي الآن! "
صرخ بومبيلو: "ولكن لم يتبق هناك أي عرش متاح."
"إذن أحضر لي هذا العرش." ردّ ترامبلثينسكين.
قام بومبيلو برقصة سخيفة تساعده على التفكير

ثم قال: "قد يمكنني فعل ذلك، إن بوجو بالفعل أحمق. في الواقع، بعد أن اختلف مع جيرانه وبعد محاولاته المتعددة في تكوين صداقات مع الجميع، هناك فرصة كبيرة تمكنك من شراء كل ركن من أركان أرض اليوكاي".

ابتسم ترامبلثينسكين وهو أمر نادر لأنه معتاد سوى على البكاء والتأوه والتّشكي.

من ثم تابع بوميلو: "يمكنك أن تكذب عليه وتوهمه بأنه سيتمكن من الحصول على الكثير من الأكياس الكبيرة من الفاصوليا السحرية لدادي ترامبلثينسكين". تابع بوميلو: "سيكون الأمر سهلا، بوجو يائس جدا للحصول على أصدقاء جدد وسيعطيك أي شيء تريده وتطلبه. كل أرض اليوكاي ستكون ملكك ... حتى من العرش."

وهو أمر مضحك، لأنه في قديم الزمان عالم وأرض ترامبلثينسكين كان ينتمي إلى أرض اليوكاي عندما كان يطلق عليها اسم بريطانيا العظمى المجيدة التي امتلكت واحتلت العالم، وهو ما أراد ترامبلثينسكين القيام به.

سعيدًا الى حد الآن، ذهب ترامبلثينسكين إلى غرفة نومه في القصر الكبير لملكة أرض اليوكاي وتناول بلاطة عملاقة من كعكة الشوكولاتة الجميلة، وانغمس في النوم.

كان يحلم بالحصول على عرش، عن ملاعب غولف ضخمة و ماليفيسانيا (التي لم تعد تنام في نفس السرير معه -لم تفعل ذلك على الإطلاق-) وكيف سيكون يومًا ما ملكًا للعالم.

الى حد الآن، كان يمتلك سوى عالمه الخاص وعن طريق بوجو البوزو، سيمتلك أرض اليوكاي قريبًا. كما طلب أيضا من بوميلو أن ينظر في شأن شراء الجزيرة الخضراء التي تقع في أعلى العالم.

ومع ذلك، كان هناك ثلاثة أماكن كان يعرف أنه لا يمكن أن يمتلكها: مملكة الاندفاع لبوتي بوت، أرض اللوحات الصينية للجني جين والعالم الشمالي المظلم الذي كان يحكمه الساحر الشرير كيم. تمامًا مثل الفيت نام، كان عالم كيم مكانًا مخيفًا وكان كيم ذكيًا، تقريبًا في نفس معدل ذكاء ترامبلثينسكين ومثل ترامبلثينسكين تمامًا كان لديه صواريخ.

ولكن، مرة أخرى، هذه قصة أخرى تمامًا.

MAGIC BEANS
MAGIC BEAN

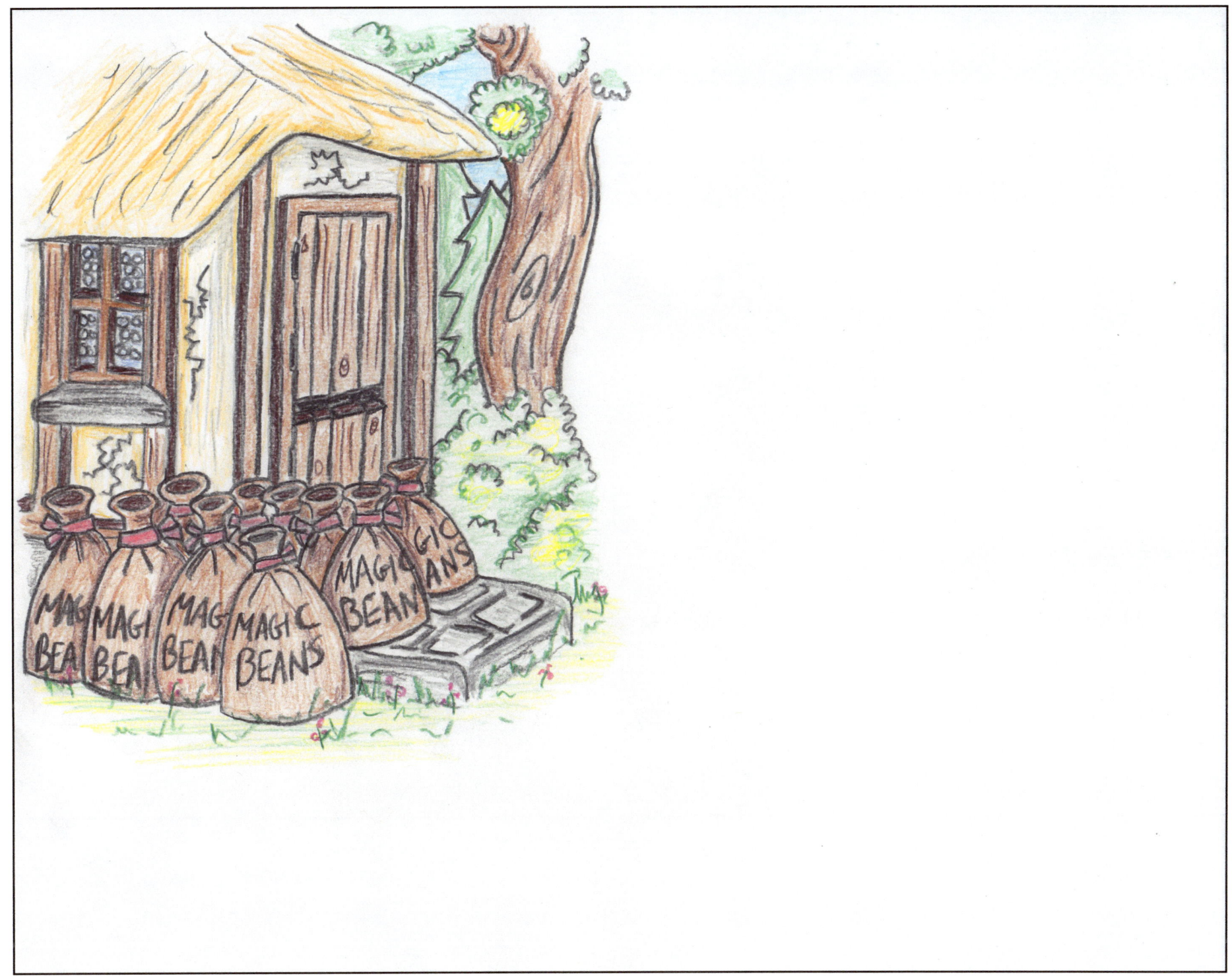

نبذة عن الكاتب

مارتن ترينور هو مؤلف ورسام -رغم أنه لم يكن بحاجة إلى قول ذلك، لأنه كتب جميع كتب ترامبلثينسكين. يحب القهوة والكعك كثيرا -لا يعيش في أي مكان أنيق ولكنه كتب كتابين رائعين آخرين: The Silver Mist وDARK CREED. كما كتب أيضًا عددًا كبيرًا من القصص القصيرة ... أوه، ورسم العديد من الأشياء الأخرى.

لا تنسوا أنه يحب الكعك!

المزيد على: www.MartinTreanor.COM يتم تمثيل مارتين ترينور بواسطة DRPZ™ [www.drpz.net]

ابحث عن "بطلنا" ذو البشرة الرقيقة في
ترامبلثينسكين و الساحر بونسبورز و
ترامبلثينسكين و الخوخة العملاقة

لمزيد من المعلومات حول هذا العبقري، يرجى زيارة:

TheTalesOfTrumplethinskin.com
MartinTreanor.com
ANiceCuppaTea.com
TrumpleTales@

TINY HANDS
PRESS

صائدوا الفئران
خدمة المواعدة للأشخاص المتقلبين

الاسم: ترامبلثينسكين (المحاولة الثانية)
المهنة: تجميع أكبر عدد ممكن من حبات الفاصوليا السحرية
يحب: الفاصوليا السحرية، عرش ومراحيض ذهبية
يكره: الصحفيون المقرفون الذين يطرحون الأسئلة
أفضل جودة: يعرف كل شيء أفضل من كل الخبراء
أسوأ جودة: لا شيء - أنا الأفضل في كل شيء
الطعام المفضل: لا تزال كعكة الشوكولاتة الجميلة
الشيء المفضل: أنا

الملف الشخصي:

هذه هي المرة الثانية التي أحاول فيها - محاولاتي السابقة لم تتلق ردًا واحدًا.
لكن هذه أخبار مزيفة بالنسبة لك!
ما زلت أعيش في عالمي الخاص وسأكون بالتأكيد ملك العالم يومًا ما.
لقد أصبح بطني الممتلئ أكبر حجمًا منذ دخولي الأخير - وبالتالي فهو أكثر جمالًا، ويضيء وجهي البرتقالي الجميل مثل الشمس الساطعة في السماء.
تعال معي وسأعرض لك أفضل ثانيتين في حياتك ولكن هذا فقط بسبب الضغط الناتج عن الاضطرار إلى تجاهل الأسئلة حول الأشياء التي فعلتها وقلتها بالفعل.
لا مراسلين مقرفين ... إنهم الأسوأ.

www.ingramcontent.com/pod-product-compliance
Lightning Source LLC
Chambersburg PA
CBHW041149070526
44579CB00005B/58
* 9 7 8 1 9 8 9 9 6 0 4 1 7 *